Regarder l'océan

DU MÊME AUTEUR

Un bon chanteur mort, La Machine à cailloux, 2008

Y revenir, Stock, 2012 ; Points, 2013

Tomber sous le charme, Le Mot et le Reste, 2014

Dominique Ané

Regarder l'océan

Stock

LA FORÊT

Collection dirigée
par Brigitte Giraud

ISBN 978-2-234-07894-9

« *L'adulte qu'on devient s'est vu confier la tâche d'édifier, d'apaiser l'enfant qu'il avait été et qui n'avait pas compris, lorsque c'était le moment, de quoi il retournait.* »

Pierre Bergounioux

J'ouvre les yeux. Le jour n'est pas levé, j'entends la pluie. Quelle que soit l'heure, je sais que ma nuit est finie. Je sens mon rêve m'échapper et ne le retiens pas. Je n'ai jamais aimé me souvenir de mes rêves, ni que les autres me racontent les leurs.

Je mets la radio très bas dans la cuisine pour ne réveiller personne. Je ne saisis que quelques mots au vol. Je suis assis à la table, un journal sous les yeux, que je lis sans sauter de page. C'est le moment que je préfère ; je me vois tel un veilleur de nuit, protégeant le sommeil des miens. Rien ne peut leur arriver, puisque je suis éveillé.

La pluie redouble d'intensité.

Maintenant, le jour se lève, et je n'ai pas bougé. J'entends la rue s'animer, et regrette le silence, que seule ma radio contrariait. Il va me falloir agir, justifier ma présence en ce monde. Je retarde le moment de quitter la table, d'installer les couverts et d'aller réveiller ma compagne et mon enfant.

Je redoute alors ce vertige qui me prend parfois, le sentiment de vide que j'éprouve en me relevant. Cette insatisfaction.

Bords de rivière

Dans cette eau, je n'ai jamais nagé. N'ai jamais eu l'idée. C'est une eau immobile, opaque, d'un vert plus sombre que le feuillage des arbres qui s'y reflètent. Une barque flotte, couverte de moisissure. Des pontons défoncés dépassent entre les roseaux. Ils y sont depuis toujours, comme des ruines. Quelques années plus tôt, on y pêchait : quelles créatures extrayait-on de cette matière saumâtre, et quelle vie, que la lumière n'atteint pas, s'y déploie encore aujourd'hui ? Un chemin longe la rivière, contrarié par des buissons d'orties, des ronces et des clôtures. On entend bruire dans les fourrés. Je fais claquer mes sandales à chaque pas pour faire fuir les vipères. J'aime trop ce lieu pour m'interdire d'y venir, ma peur compte pour rien. Des mouches tournent autour de mon visage en sueur. Je regarde la rivière, les arbres, et les bateaux de vacanciers : lorsqu'ils passent, l'eau s'écarte, et clapote à mes pieds. Les bateaux disparaissent dans une courbe, les remous s'atténuent. La rivière est calme à nouveau. Rien ne s'est passé. C'est un endroit pour se convaincre que rien n'arrive : c'est ce que je viens chercher, chaque été.

Sur la rive en face, une route, bordée d'arbres. Des voitures sont arrêtées, et des tables dépliées à l'ombre de chênes. Des voix me parviennent, aux mots incompréhensibles, comme abandonnés en chemin par l'air qui les porte.

Enfant, je me demande à quoi ressemble l'autre côté. Depuis le haut de la colline menant à la rivière, j'en ai une idée : je vois se dessiner la vallée et les villages alentour, mais en descendant, une forêt fait obstruction.

Puis on m'offre un vélo : enfin, je vais savoir. Je franchis un pont, emprunte la route étroite longeant l'eau, et découvre le paysage dans sa totalité. Bientôt, un autre pont apparaît. Passer dessous est comme ouvrir une porte.

J'ai du mal à reconnaître la rive opposée : elle est sans charme, sa végétation sans harmonie. Mais ce côté me plaît, un décor de fermes et d'enclos niant le passage des jours, et qui m'attire. Car, bien que jeune, j'ai le goût des vieilles choses : elles me rassurent, me soufflent que la vie durera, et que rien ne bougera.

Je longe la rivière pendant quelques kilomètres, passant trois écluses, comme trois portes d'un territoire qu'à partir de cet instant je m'approprie.

Je parcours depuis l'une et l'autre rive chaque été. À pied d'un côté, à vélo de l'autre. Le chemin est, suivant les années, plus ou moins praticable, selon qu'il a été, ou pas, débroussaillé – par qui, pourquoi, qui vient ici à part moi ? La route, elle, n'a pas changé, ni le paysage. Un vieux monde tient, je viens m'en assurer. On m'a dit que mon fils avait plongé avec d'autres gosses depuis le pont. Moi, je n'aurais pas osé. Pas une fois je n'ai nagé dans cette eau, ni même eu l'idée.

La disparition du château d'eau

Ils sont arrivés de Marseille. Ils ont traversé le pays pour gagner le haut d'une colline, au pied d'un château d'eau. Aucun n'est jamais venu par ici, et aucun sans doute n'y reviendra. Ils ont creusé deux larges entailles à la base du bâtiment, puis ont réparti les charges autour. Des grilles ont été installées, délimitant un périmètre de sécurité.

Deux cents personnes, venues du bourg et des hameaux environnants, sont rassemblées, et attendent. Il est tôt, elles ont froid, c'est l'hiver. Certaines se préparent à filmer avec leur téléphone. Un décompte, puis les charges explosent, en un même souffle. Le château d'eau vacille, il a l'air d'hésiter, se couche sur le côté. Les gens applaudissent, puis se dispersent ; ils regagnent une ferme, une usine, une école. Les grilles sont décrochées, et des camions bennes récupèrent les gravats, destinés à des travaux de terrassement quelques kilomètres plus loin.

Le château d'eau avait été construit dans les années 50. Vétuste, il ne servait plus. Il était en sursis, sa destruction programmée de longue date, et ajournée par négligence.

Six mois plus tard, un taxi vient me chercher à la gare du village, fermée, ses ouvertures grossièrement barrées de planches. Quelques trains s'y arrêtent chaque jour ; personne ne monte. Mon père n'a pas pu se déplacer, c'est la première fois que je prends le taxi pour me rendre au hameau : impression déplaisante d'être étranger à ces lieux, de passage. La route en paraît changée. Alors que nous roulons, j'ai la sensation d'un vide : le château d'eau n'apparaît pas.

J'espère avoir mal vu, distrait par le chauffeur, mais non, il n'est plus là. On ne m'a pas prévenu.

J'en demande aussitôt la raison à ma mère, qui en est étonnée. Je gagne le jardin et regarde ébahi le paysage béant, privé de verticalité : c'est comme un sort jeté, un attentat contre l'enfance.

Pour nous, enfants au hameau, c'était un phare, visible de loin, surplombant la vallée. Lorsqu'on arrivait de la ville après des heures de route, c'était à qui l'apercevrait le premier. Il était ce repère, massif, indissociable de chaque retour. Son apparition donnait le coup d'envoi de l'été. Nous entrions en territoire sacré, il en était la sentinelle. Sans doute ne ressemblait-il à rien : pour nous, il irradiait.

Sa position en hauteur en faisait le centre de gravité autour duquel le paysage s'organisait. Sa taille nous impressionnait, et l'appellation même de « château » lui conférait une majesté, évoquant un lieu clos. Nous nous arrêtions parfois pour écouter les bruits qu'il produisait, qui suggéraient une tuyauterie complexe au cœur d'un espace vide faisant écho aux clapotements contre les parois. Rien d'autre ne filtrait de ce qui se tramait à l'intérieur.

Plus tard, il perdit de sa superbe. Sa peinture s'écaillait, de larges traînées grises le parcouraient ; il faisait tache dans le décor, il fallait le reconnaître. Une fois démis de ses fonctions, il fut doté à son sommet d'une antenne de télécommunications. Cette reconversion ne le sauverait pas, elle entérinait au contraire sa déchéance.

Aujourd'hui, nos yeux le cherchent, ne s'habituent pas. Le cadre est fracturé ; fracturé aussi, le temps, avec un nouvel « avant » à négocier. Et les souvenirs d'affluer, les distances qu'on évaluait en contrebas dans la vallée, le château en ligne de mire.

La scène a été filmée, postée sur le Net. Un plan fixe, des gens de dos, et lui au centre, sur fond de ciel gris. On dirait une exécution. Partout dans le monde, on peut le voir tomber, sans fin.

La presque ville

Je pense qu'ils feignent de ne pas comprendre, pour continuer à me mettre à part, et se conformer à la vision de deux mondes inconciliables. D'où que je vienne, je suis pour eux « le Parisien ». J'ai beau leur dire que je vois les champs depuis ma chambre, que la ville où je vis est plus petite que celle où leurs parents font leurs courses : ils ne veulent pas entendre que je viens d'une presque ville, à cinq minutes des premières fermes.

Mon attitude, mes mots et ma façon de parler diffèrent des leurs. Ça leur suffit. Dans ma voix, ils entendent des rumeurs de rues bondées, le son de pots d'échappement, de langues jamais côtoyées. Ils me regardent et voient des fumées d'usine, des gosses à la peau foncée, des immeubles en verre, des cages d'escalier, des gens par terre, d'autres en costume, tout un monde expansif et contradictoire qui les rebute. Et je reste pourtant à leurs yeux un privilégié, évoluant dans une zone de confort, épargné par les tâches physiques, l'hostilité des éléments, et l'isolement.

Je leur dis que dans la presque ville il n'y a de tours qu'en périphérie, que les églises y sont plus vieilles que celles de leurs bourgs. Que le vent bruineux de décembre confine aussi chez soi, que les distractions y sont rares et les rues éteintes à 20 heures. Que je ne sais pas ce que je ferai plus tard, qu'aucune route n'est tracée pour moi. Rien ne les convainc. À moi plaisirs et chemins dégagés, à eux ornières et courbatures. Comme leurs pères, ils pensent déjà que mon bonheur se fera sur le dos du leur, en vertu de lois mystérieuses, qui les desservent.

Plus que leurs frères, les filles ici rêvent de la ville, comme d'un lieu où le corps peut s'épanouir. Chez elles, le corps ne doit pas faire de vagues, et même, se plier à la nature, dont les caprices et les exigences l'accaparent, et finalement, l'oblitèrent, il faut travailler dehors, s'occuper de la terre, du bétail.

Autant que mes mots, mon corps parle : l'absence de muscles apparents dit les efforts que je ne fournis pas, les facilités qui me sont consenties. Ici, tous les garçons, jusqu'aux plus chétifs, ont les bras noueux, traversés de veines épaisses. Tous ont des cicatrices à faire valoir, en mémoire d'un clou passé dans la main, d'une chute de tracteur. À la plupart d'entre eux, un futur travail est assigné, qui les marque déjà physiquement.

Ils se moquent de mes cheveux, de cette mèche qui me couvre la moitié du visage. On ne leur permettrait pas ça ici. Certains menacent d'intervenir, miment des ciseaux avec leurs doigts. Ma mèche les provoque, tel un rappel du périmètre de leurs interdits. En sortir serait se couper des autres, et alors où aller ? Tout ça ne vaut pas une mèche ; même pour le regard d'une fille, à qui plaît cet entêtement.

Pourtant, dans la presque ville, on rit aussi de mes cheveux, quand on ne s'en agace pas. Ici aussi, il en faut peu pour sortir du rang. Autour, la longue plaine fait barrage, filtre la nouveauté. Le présent se vit en différé par rapport à celui de la Grande Ville, modèle et jalousée. La presque ville l'imite, maladroitement. Il lui faudrait prendre parti, choisir son camp, mais elle n'ose pas. Les champs, les premiers villages, lui intiment la modestie et la discrétion.

Comme elle, je ne me situe pas, coincé dans un entre-deux. Quand j'explique aux gosses de fermiers combien j'aime les paysages dans lesquels ils vivent, cela m'éloigne encore plus d'eux. Eux n'y pensent pas, ils ne se sentent pas attachés. Ils n'ont pas idée de ce qui leur manquerait s'ils vivaient en ville.

Ils me disent que je ne connais pas l'hiver ici.

Avant, enfants, nous montions tous, paysans et citadins, sur la remorque du tracteur pour aller chercher l'ensilage, tassé sous une bâche dans un champ. La bâche soulevée, nous nous jetions dans le fourrage fermenté, heureux de nous imprégner de son odeur, qui faisait hurler les parents quand nous rentrions. Nous étions alors semblables. Des gosses, se roulant dans l'ensilage. Les lignes de démarcation, nettes, irrévocables, n'avaient pas encore été posées.

Nous n'avons pas connu la guerre

Tout ce que je vis, je sais le devoir à mon corps. Le pire comme le meilleur. Par tempérament, je me focalise sur le pire, que je ne connais pas : la douleur que j'éprouverai un jour, accaparante, exclusive. Le corps est une injustice, il m'en donnera la preuve, c'est inévitable.

Je rends visite à mon grand-père à l'hôpital : un lieu à l'écart de la ville, confirmant que la souffrance exclut. Les douleurs s'y concentrent ; pourtant, on n'entend jamais geindre ou crier. Les portes des chambres sont fermées. Un silence presque apaisant circule dans les couloirs. On ne voit pas de sang. Sauf dans la poche en plastique au-dessus du lit du grand-père. J'essaie de ne pas regarder l'aiguille dans son bras. Il a l'air fatigué.

Vaccins, coupures, bout de verre entré dans la paume : je n'ai de la douleur qu'une expérience ténue. Mon tour n'est pas venu.

Un chanteur que j'aime déclare cultiver son corps autant que son esprit, car l'esprit, dit-il, est en cas d'agression à la merci du corps. J'associe le chant à la douceur mais, pour qu'une voix porte, il faut être capable de se battre.

Contre un coup, quoi répondre ? On ne m'a pas appris la colère. Qu'on me frappe me laisse sans voix. Ne pas comprendre l'emporte sur le reste, même sur les larmes, optionnelles. Mais je ne peux m'empêcher d'admirer la trajectoire parfaite de certains coups quand une bagarre éclate. Le bruit mat du poing sur la joue ou dans le ventre, bien plus étouffé que dans les films.

Des appelés passent en ville. Dans quelques années, je serai peut-être des leurs, à l'arrière d'un camion vert foncé. Ils viennent d'un camp militaire proche, connu pour sa dureté. Le mot « camp » évoque des visages hâves, des barbelés. Comment ferai-je si on m'y envoie ? Jamais. Je n'irai jamais. Plutôt en finir. Je n'aurai que cette force-là, mais je l'aurai.

« Vous avez de la chance, vous n'avez pas connu la guerre », nous glisse un jour un prof. Il n'a pas l'air de s'en réjouir. Aucun de nous ne sait quoi dire. Nous nous demandons s'il nous en veut, nous envie ou nous plaint.

Pour nous, vivre en paix est normal. Peut-être nous manquera-t-il toujours quelque chose : une épreuve partagée qui donnerait à notre vie sa valeur. La maladie isole. Seule la guerre rassemble.

Un après-midi en bord de lac, lors d'un voyage scolaire. Une fille assise à côté de moi, que je regarde depuis le début de l'année et qui ne m'avait jusqu'ici rien laissé espérer. Loin alors la peur de souffrir, de mourir un jour. Comme l'envers du jour d'aujourd'hui.

Sous le hangar

Elle arrive avant l'été avec sa famille, qui loue une maison à un fermier. La vie au hameau en est bouleversée.

Je viens pour les vacances avec mes parents, comme chaque année. Tous mes oncles et tantes sont là, et la place manquant dans la maison familiale, on nous installe, mon cousin et moi, dans une dépendance. Ce qui nous arrange : nous nous entendons bien, et ne demandons qu'à éviter les adultes.

Un soir, il me parle de cette fille et de l'effet qu'elle lui fait. Nous l'avons rencontrée le jour de notre arrivée ; elle était adossée contre le mur d'une étable, et nous a regardés comme si elle nous attendait.

Depuis, nous passons nos journées tous trois sur un tronc d'arbre faisant office de banc, ou en haut du hangar à foin. Un soir, mon cousin me confie qu'il aime ses yeux sombres, cernés d'épais traits de khôl, son rire nerveux, son allure, et je me rends compte que je pense la même chose. Ou peut-être que je parviens à m'en convaincre, pour partager ça avec lui. Toute la nuit, nous attisons cette nouvelle flamme.

Nous interprétons dès lors les signes qu'elle émet. Selon les jours, elle accorde sa préférence à l'un ou à l'autre. Avant de dormir, nous passons en revue ses paroles, ses gestes, et tentons de les juger objectivement. Que le verdict soit favorable à l'un ou à l'autre ne fait jamais de nous des rivaux.

Un soir après manger, nous sommes allongés sur des bottes de foin. Le soleil a tapé toute la journée sur la tôle du hangar, il fait chaud, et pour rire je dis que je vais me déshabiller. Elle m'y encourage et je n'ose pas, même si l'obscurité gagne. Elle commence alors à gémir, comme si elle voulait faire l'amour, ce qu'aucun de nous n'a jamais fait. Je mets ma main dans mon survêtement et mon cousin m'imite ; elle geint jusqu'à ce que nous ayons joui.

Nous avons un autre cousin, plus âgé, plus beau, et moins timide. Il se joint parfois à nous, au retour d'une virée en voiture dans les celliers alentour. En sa présence, elle se tait. Un jour, il lui fait un compliment, et nous surprenons sur son visage un sourire que nous ne lui avons jamais vu.

C'est comme un pacte rompu. Elle le ressent, en est gênée, ce qui nous fait nous radoucir ; nous redevenons bientôt complices. Notre cousin apparaît parfois et nous l'enlève quelques heures. Le reste du temps, elle ne nous quitte pas et semble plus détendue qu'avec lui.

L'été fini, mes cousins repartent en banlieue parisienne. Je reviens au hameau les week-ends, la ville où j'habite n'est qu'à une heure. Je la retrouve sur le banc, comme si elle n'avait pas bougé. Elle n'a pas l'air surprise, ni heureuse de me voir.

Je ne peux pourtant me défendre d'espérer. Mais, par peur de la brusquer, je n'essaie rien. J'attends. Qu'elle puisse attendre elle-même ne me vient pas à l'esprit.

Le dimanche après-midi, nous écoutons les hits à la radio au café du village, en buvant des Monaco. Parfois, un morceau new wave passe, et je m'emballe ; j'aimerais lui faire découvrir cette musique qu'elle ne connaît pas, mais je crains d'avoir l'air prétentieux. Nous ne sommes pas seuls, il y a toujours d'autres jeunes qui pourraient me mettre en boîte. À mesure que les heures s'écoulent, je sens mes chances s'amenuiser. Puis nous prenons le chemin du hameau, où mes parents m'attendent. La route est recouverte de feuilles, le ciel bas. Nous nous parlons à peine, et je guette un signe qui me donnerait un espoir, même infime, pour tenir jusqu'au week-end d'après.

Je viens ensuite moins souvent. Je sors le samedi soir en ville avec de nouveaux amis. Mes parents vont à la campagne sans moi.

L'été suivant, nous nous retrouvons tous au hameau, mais c'est comme regarder un film qui a vieilli. Elle part en voiture avec le cousin plus âgé et nous les accompagnons parfois, mon autre cousin et moi. Nous allons au café, au bord de la rivière ou dans des celliers. Nous buvons, sortons en boîte et roulons à tombeau ouvert au retour. Nous nous amusons mais, au fond, regrettons le temps où les choses n'étaient pas aussi définies entre nous.

C'est le dernier été que nous passons ensemble. J'apprends plus tard qu'elle sort avec un type du village, qui tente de se tuer avec un fusil de chasse quand elle le quitte.

La dernière fois que je la vois, elle va déménager et promet de m'écrire.

Dans ses lettres, elle me rapporte des événements qui l'ont blessée, dont personne n'a rien su. J'en suis surpris, mais pas touché ; mes réponses se veulent réconfortantes, mais sont comme destinées à une inconnue. Je ne sais pas quoi faire de sa douleur. Elle m'envoie une photo, elle est enceinte et sera fille mère : je la trouve laide et ne réponds pas. Je reçois d'elle une dernière lettre où elle me supplie de ne pas la laisser tomber. Ça s'arrête là.

Des années plus tard, je reviens au hameau. J'y interroge les lieux, traque les souvenirs. Un soir d'ivresse, je remonte en haut du hangar. Dans l'obscurité, je redoute de tomber, conscient de mon état mais obstiné, comme on l'est avec l'alcool. Je m'allonge sur une botte de foin et cherche dans l'air nocturne des traces de ce soir où nous avons presque fait l'amour, et de tous les moments où nous n'avons rien fait.

En new wave

J'ai treize ans, et j'entends un jour une chanson qui suspend l'instant. Moi qui pensais que les disques de mes parents suffisaient, je découvre que j'attendais cette musique, ce son, traversé par une voix d'enfant perdu : j'ai l'impression de connaître cet enfant. Je pense à Meaulnes, dont je viens juste de lire le récit, qui avance sur le chemin le menant au château des Galais, vers la fête étrange qui changera sa vie.

Un ami me donne le titre du morceau, le nom du groupe et celui du genre auquel il est rattaché : « new wave », « nouvelle vague » en français. J'aime aussitôt la sonorité de ces mots, leur liquidité phonétique épousant leur sens, avec ces « w » accolés qui évoquent un glissement, semblable à celui des nappes sonores de la chanson.

Je m'évertue dès lors à tout connaître de ce mouvement, que je découvre vieux de plusieurs années, découlant du punk : il lui a emprunté son rejet de la virtuosité, tout en se délestant de sa brutalité et de ses certitudes. Chez les groupes que je préfère, le son est diffus, comme en proie au doute, et une lumière spectrale en émane. Ils jouent une musique de refus, non exempte de tension, mais dépourvue de conscience sociale, avec la mélancolie en étendard, comme seule porte de sortie.

Mes parents sont athées, mais nous visitons parfois des églises ; j'en aime la solennité, la beauté froide. La new wave renvoie à cette imagerie, pâle et glacée comme le marbre, aussi mouvante et fragile que la flamme d'une bougie. Elle en appelle à un dieu dont elle déplore l'absence, en un lamento distant, qui ne quête pas l'adhésion, n'implique pas la communion. C'est une musique de confinement, à l'air rare, mais d'une substance précieuse. Repliée sur elle-même, elle invite pourtant à la hauteur. J'entre en new wave, comme dans les ordres.

Le monde se divise dès lors en deux : ceux qui adhèrent, et les autres. Les premiers se reconnaissent vite.

Nous formons une confrérie, minoritaire, mais soudée. Le nom d'un groupe est un sésame, le signe d'une fraternité. Il n'est pas exagéré de dire que nous nous sentons élus. Nous imaginons avoir accès à des beautés que les autres, par ignorance ou négligence, n'approcheront jamais. Nos vies seront exigeantes et nobles, détachées des plaisirs immédiats ; nous chercherons dans le passé des traces d'un monde idéal, dont la new wave se fera l'écho, à grand renfort d'accords mineurs : nous lui confierons notre inquiétude. Elle transfigurera nos faiblesses.

Les rangs en viennent pourtant vite à se disperser. Pour la plupart, cela n'est qu'une passade, une panoplie adolescente à remiser lorsqu'il faut travailler, lorsqu'un enfant naît. Le présent les accapare.

Pour les autres, l'inquiétude demeure, à peine atténuée avec les années, ravivée par des riens. Qu'on me fasse une réflexion, et je redeviens l'adolescent timoré et hautain raccroché à sa planche de survie : cette musique préservant du commun, de l'hostilité. Au point, risible, de diviser encore le monde en deux.

Répartition des taches

J'entre dans des églises, y cherche les recoins sombres, les chapelles qu'un mince rayon de lumière traversant un vitrail arrache aux ténèbres. J'aime le clair-obscur, et le silence, l'existence au-dehors tenue à distance par les murs épais. La vie me fait peur. J'en redoute les lubies, les exigences imprévisibles. Un jour, je n'avais pas dix ans, quelque chose s'est produit dans la vieille maison où je passais mes vacances : je lisais sur le canapé du salon, une pièce pourvue d'une unique fenêtre, lorsque j'ai vu un trait de soleil s'infiltrer et se diffuser sur une portion de mur. C'était une lumière vive, et pourtant d'une douceur extrême.

La façon dont l'obscurité l'accueillait me frappa : elle la laissait prendre place, investir le lieu, comme en un accord parfait. Sans le savoir, j'en ai été retourné. Depuis, cette image ne m'a pas quitté. À elle seule, elle aurait pu me convaincre du bien-fondé de l'existence.

J'en cherche depuis la trace, en espère le retour. Je prends soin de ma nostalgie, autour de laquelle gravite ce souvenir. La vieille maison a été vendue. Alors, je cherche ailleurs : dans la lumière se frayant un passage sur le sol en forêt, les reflets des lampadaires dans l'eau le soir. Mais je sais que je ne dois pas attendre. Parfois, je voudrais oublier.

Je ne crois pas, n'ai jamais cru, et si dans une chapelle je retrouve quelque chose de la vision qui m'obsède, je n'attribue jamais cela à l'existence d'un dieu. Je me suis agenouillé une fois face à l'autel, pour voir, et c'était ridicule.

Comme je me lie difficilement, je n'ai rencontré personne qui ait connu une expérience semblable. Je n'ose pas en parler, de peur de passer pour un mystique. Certains livres font état d'« illuminations », mais le terme ne convient pas : il renvoie à une évidence, ne traduit pas le caractère insidieux de ce qui s'est gravé en moi, ni le regret qui en découle.

La vie me fait peur, mais il faut bien vivre. Un regret, si fort soit-il, n'y suffit pas. J'apprends à me faire aimer, et à aimer moi-même. Cela m'occupe. Mon obsession a perdu de son autorité : j'en viens parfois à douter de la fiabilité de mon souvenir. Je m'en veux alors un peu.

Certaines choses adviennent sans doute lorsqu'on cesse de les harceler : je mange un soir avec ma compagne dans un restaurant que nous aimons tous deux, sans musique de fond, à l'éclairage feutré. Nous ne nous parlons pas, tout à nos pensées, les yeux dans l'assiette. Je relève la tête, et vois soudain un trait de lumière s'imbriquer dans l'ombre d'une portion de mur, juste au-dessus du visage de mon amie : voilà, c'est là, comme hier, idéalement assemblé. Teinté d'un regret.

Égal

Jérôme et moi sortons d'un vernissage. Comme souvent, nous y avons vidé le bar et pris notre repas du soir, à base de biscuits salés. Nous avançons dans un brouillard épais, guidés par la lumière voilée des réverbères. Nous ne savons pas où nous allons et ne sommes pas pressés. C'est juste bien de marcher sans but, de parler de choses et d'autres, croisant des ombres qui s'évanouissent aussitôt.

Mais je ne suis pas assez ivre ni le brouillard assez dense pour ne pas remarquer qu'on nous suit. Des pas légers font écho aux nôtres ; deux silhouettes se profilent à l'arrière, trahies par les réverbères, on dirait que nous les remorquons. Il me revient le regard de deux filles derrière la vitre d'un café, qui se sont levées au moment où nous passions.

Nous entrons tous les quatre dans un bar. Les filles viennent de Portland, dans l'Oregon, et suivent ici des cours d'histoire de l'art. Une seule parle couramment le français, la plus jolie : elle ressemble à celle dont j'ai été amoureux quelques années plus tôt et à laquelle je n'écris plus – que devient-elle ? Elles ne connaissent personne et s'ennuient, leurs études en France les déçoivent ; je ne le sais pas encore, mais elles ont ce soir décidé de suivre les premiers venus. Jérôme est plus entreprenant, et je finis la soirée avec celle qui ne me plaît pas et qui ne dit rien.

Jérôme ressort les jours suivants avec sa belle Américaine, l'autre ne reparaît pas. Bientôt, celle-ci lâchera ses études et retournera à Portland, sans son amie, dont la vie bifurque.

Un peu plus tard, mon groupe et moi donnons notre dernier concert en ville. Le bassiste partira vivre en Angleterre quelques jours après, il en a assez d'attendre et ne croit plus en nous. Nous jouons à l'angle d'une rue, près de boutiques fermées. Partout dans la ville, il y a de la musique, et la foule semble avoir choisi de contourner cet endroit et ce moment. Derrière mon micro, je fixe une rangée d'immeubles, évitant les regards. Jérôme et l'Américaine sont venus, ils s'embrassent pendant les morceaux, leur présence me rassure. C'est étrange de jouer pour la dernière fois ces chansons, après plus de deux ans à répéter trois fois par semaine, tous ces concerts dans des lieux impossibles, tous ces rires, ces frustrations. Je regarde les lignes de fuite des immeubles, comme guettant un signe des jours à venir, sans Jérôme, sans le groupe, avec d'autres gens à mes côtés, ou seul. Chaque chanson porte le deuil des espoirs fondés en elle :

sa route s'arrête là, elle s'évapore à chaque accord de fin, et je refuse d'y penser. Je devrais être triste et je ne le suis pas. À cet instant, tout paraît possible, et égal.

Naissance de la colère

J'arrive chez elle en fin de matinée, nous ne nous sommes pas vus depuis plusieurs jours. Je ne sais plus où nous en sommes, si je suis encore son amant. Je suis prêt à tout accepter. Même à admettre que notre relation n'est qu'une construction mentale, calquée sur une vision surannée de l'amour, comme elle se plaît à le répéter.

Elle semble heureuse de me voir. Nous nous allongeons face à face sur son lit. Sa tête repose sur sa main ; je la trouve belle, de cette beauté qu'elle a, si peu conventionnelle, mais je n'ose plus le lui dire. Elle me dit être sortie hier ; elle a croisé un étudiant dont je sais qu'il lui plaît, ils sont allés chez elle et ils ont fait l'amour. Elle me l'annonce en souriant. Je pleure en silence sans cesser de la regarder. Mes larmes la dépassent. Son étonnement n'a pas l'air feint.

Un an plus tôt, je l'ai surprise à embrasser mon meilleur ami ; c'était pendant une fête, ils avaient disparu. Je me suis avancé lentement jusqu'à une chambre : ne manquait que l'orchestre jouant un seul accord crescendo. J'ai vu le basculement de leurs visages l'un vers l'autre. Leurs regards se sont tournés vers moi, figé. Après, je ne sais plus ; je me revois hurlant sur un trottoir. Des amis m'ont ramené chez moi.

Je lui parle de « tromperie » : le mot la hérisse. Elle me reproche ma conception étriquée des rapports amoureux. L'humiliation est double : je ne suis plus le seul, et elle me renvoie de moi l'image d'un individu conformiste, à l'imaginaire étanche. De tous côtés, je joue perdant.

Je parviens parfois à retourner la situation. Je m'absente. Le silence est ma meilleure arme : elle prend alors conscience qu'une voix lui manque. À plusieurs reprises, elle revient vers moi avec des gestes hésitants, des baisers retenus. Je ne l'encourage pas, heureux de la sentir vulnérable, même pour un court moment.

Et aujourd'hui, elle m'annonce qu'elle a fait l'amour avec un autre, dans le lit sur lequel nous sommes allongés. Elle ne cherche plus à me ménager, et le calme de sa voix m'éconduit. Elle n'a jamais dit c'est fini, ni laissé entendre qu'elle le souhaite. Je ne connais personne à qui de telles choses arrivent. L'idée me vient que c'est assez. Je me lève pour partir, elle s'en étonne et prétend qu'il ne tient qu'à moi de comprendre. J'entrevois une porte de sortie pour les mois, les années à venir : je réponds que oui, je pourrais, je sens la colère me gagner et répète ces mots : je pourrais.

À DÉCOUVERT

Je me déshabille entre des fourrés, près d'un carrefour. À cette heure, peu de voitures. Les phares ne m'atteignent pas. La neige tombe, et je veux savoir ce que c'est d'être nu dans le froid. Ce que j'ai bu me réchauffe. Je ne tremble pas.

Une fille me quitte. Elle prétexte que je suis trop en recherche de mon corps.

Je suis timide, mais ne crains pas de me montrer nu. Un soir, j'entre ainsi dans la chambre d'un couple d'amis, les bras tendus comme un somnambule. Je me dirige vers le garçon, le menaçant pour rire de me jeter sur lui, mais c'est pour elle que je fais ça, pour qu'elle me voie.

Lorsqu'ils se séparent, j'essaie de la séduire, en vain.

Une autre soirée, une autre fille. Nous nous connaissons et n'avons jusqu'ici jamais rien envisagé. Nous sortons d'une boîte. L'endroit est dangereux, isolé. Nous montons dans la voiture d'un ami, un type retient la porte, je l'insulte et il me frappe, par petits coups qui vont s'intensifiant. Je suis à l'arrière avec elle, qui regarde devant, et le conducteur ne démarre pas.

Plus tard, je suis nu sur un matelas contre elle, et notre ami nous rejoint. Ni elle ni moi ne voulons. Nous nous endormons. Je me lève le premier et cherche mes vêtements. Ils se réveillent, me voient nu, et nous éclatons de rire.

Sur une plage, la nuit. Des corps qui ne se connaissent pas, rassemblés, ivres. Et moi, premier à me déshabiller, comme à chaque fois, et à me jeter dans l'eau.

Certains n'osent pas. J'aime sentir leur surprise à me voir si peu gêné. Ils me découvrent.

Un matin, je m'éveille et vois dans ma chambre une fille nue regarder par la fenêtre. Je ne me rappelle pas que nous ayons fait l'amour. Je suis juste surpris de voir ce corps, avec cette assurance dans la nudité semblable à la mienne.

Dans une chapelle, je chante a capella, nu derrière une toile transparente. Les gens écoutent, dans un silence interloqué. Au-dehors, un aboiement. Le silence se tend. J'imite alors le chien, entre deux phrases. Dans la salle, des sourires se dessinent, on recommence à respirer.

Une photographe me propose de me dévêtir pour un journal féminin. Je me sens rougir. J'ai vieilli, et une pudeur que je n'avais pas avant.

Je prends note face au miroir des taches nouvelles, des légères marques d'affaissement de la peau. Sur la plage, je ne me mets torse nu qu'au moment de me baigner.

À eux seuls, mon visage et mes mains disent le travail à l'œuvre ; le reste désormais tenu à distance du regard des autres, secret.

L'Homme-Tambour

Matthias tombe à la renverse depuis le balcon de sa cuisine. Il vit heureusement au rez-de-chaussée. Jérôme et moi l'aidons à se relever ; il se plaint, et j'appelle les urgences, d'une voix pâteuse. Les autres, qui se sont invités et que nous ne connaissons que de loin, en profitent pour s'éclipser. Plus tard dans la soirée, l'un d'eux meurt, pour un mot de trop, un cran d'arrêt en plein cœur.

Nous aurions pu en être nous aussi, être pris à partie. Que s'est-il passé ? Personne ne sait. On suppose. Ceux qui y étaient n'étayent aucune version, d'ailleurs, on ne voit pas la plupart d'entre eux pendant des mois.

Matthias gagne entre-temps le surnom d'Homme-Tambour. Il s'est déplacé quelques vertèbres en tombant, et a un plâtre autour de la taille. Lorsque Jérôme et moi le retrouvons, il se tape sur le ventre en rythme, comme sur une percussion. L'expression qu'il prend alors nous fait mourir de rire.

Son état nous ramène néanmoins à la soirée. Le souvenir de celle-ci ne nous lâche pas, comme refusant de nous absoudre : il s'incarne en un prénom, surgissant tel un diable dans nos conversations, tard le soir. Un prénom rare, ancien, qu'à notre connaissance seule la victime a porté. Comme si besoin était qu'il se distingue encore, comme s'il craignait d'être oublié.

Lors d'un repas mondain, les hasards du plan de table me font me retrouver à côté d'une jeune fille à l'air triste que j'ai repérée. Elle et moi paraissons aussi perdus l'un que l'autre, et j'espère que cela va nous rapprocher. Je l'encourage à se confier, sentant qu'à ce prix seul je pourrais l'intéresser. Elle y consent, comme indifférente, avant de soupirer que rien de tout ça n'importe. Puis elle prononce le prénom de celui qui est mort, et ses yeux me fixent, comme si elle savait, ou voulait savoir. J'ai l'impression qu'on m'appelle depuis un couloir obscur.

Les années passent. Je revois Matthias, et comme avant, l'enjoins à se frapper le ventre lorsqu'il arrive. Il s'exécute et nous rions. Après tout ce temps, nous avons oublié d'où ce signe de ralliement provient. Ou bien nous ne nous en souvenons que trop, et il nous faut en rire, il faut que l'Homme-Tambour s'interpose pour chasser cette ombre entre nous.

Psilos

On nous a parlé d'un champ à côté d'un aérodrome, au sortir de la ville : l'herbe en est soi-disant pleine, il n'y a qu'à se pencher. On ne nous a pas menti. En une heure, mon ami et moi en ramassons plus de mille. De temps à autre, nous relevons tous deux la tête pour nous regarder, incrédules et hilares. Nous imaginons le nombre de soirées qui nous attendent, sachant que cinquante champignons suffisent par prise.

Suivant les soirs, nous les avalons crus ou en infusion, le goût est de toute façon aussi infect. Nous en faisons profiter d'autres, qui par manque d'expérience abusent parfois sur la quantité, et n'en reprendront pas. Nous, savons gérer les doses et les effets, depuis le début. Nous passons des nuits à rire devant la télé, focalisant sur les chaussettes d'un acteur ou la chevelure d'une animatrice.

Puis, nos rires deviennent forcés, nos jambes lourdes, et nous avons la nostalgie de l'instant juste passé. Nous ne l'avons depuis l'enfance jamais éprouvée de façon si nette. Nous nous quittons un peu gênés et déçus.

Rien ne me semble pourtant plus agréable. L'amour, si je me fie à ce que j'en connais, ne fait pas le poids. Il ne m'a jamais rendu si heureux. Les champignons ôtent à la réalité son caractère définitif, la relativisent. La tristesse et la fatigue qui s'ensuivent sont le prix à payer, peu de chose. Jeune, le corps vit à crédit.

Nous revoir nous rend euphoriques. Nous passons l'après-midi autour d'un flipper dont le décor semble tout droit sorti d'une de nos hallucinations ; au centre du jeu, le visage en 3D d'un clown à la bouche ouverte : il pousse un cri qui nous réjouit quand la boule l'atteint.

Nous échangeons par borborygmes, gloussements et expressions codées. D'autres, que nous ne dissuadons ni n'invitons, se joignent à nous, mais nous les remarquons à peine : la plupart, n'entendant rien à nos codes, ne restent pas longtemps. Nous n'évoquons jamais de sujets sérieux, parlons d'art, tout au plus, mais, l'art, est-ce sérieux ? Il serait ridicule de le reconnaître, de même qu'admettre que certaines choses comptent. Comme l'amitié, fût-elle dissimulée sous une épaisse chape de ricanements.

La dernière fois que nous en prenons, nous sortons, errant dans les rues jusqu'à une place gagnée par la brume. Je décrète qu'il ne faut pas aller au-delà, qu'un danger nous guette. Nous rebroussons chemin jusqu'aux baraques à frites où nous finissons souvent nos soirées. Les effets des champignons s'atténuent, mais nous rions encore en détaillant au mur un menu à l'orthographe aléatoire. Le type du snack nous regarde d'un sale œil, mais nous ne voyons rien, obnubilés par les fautes sur le menu.

L'année suivante, la récolte est plus maigre, et les occasions d'en prendre plus rares. Autour de nous, les gens commencent à partir vivre ailleurs. Ils nous manquent, comme si on avait retiré des éléments du décor.

Lorsque nous nous retrouvons quelques années après, il ne nous est plus possible d'éluder les sujets sérieux. Notre conversation semble entravée par ce dont nous n'avons jamais parlé. Fixé au mur en hauteur, un baffle isolé passe de vieux tubes. Un jeu de mots absurde me vient à l'écoute d'un de ces airs, et je vois le visage de mon ami s'éclairer : nous sommes à nouveau dans le champ à côté de l'aérodrome.

Tout le monde s'en va

Nous sommes à boire une bière lorsque Jérôme m'annonce qu'il va partir. Il a trouvé une colocation à Paris, près des Buttes-Chaumont. Je ne vois pas où c'est, mais je lui dis qu'il a de la chance. Il n'a pas encore de travail mais n'est pas inquiet, on lui a donné le contact de plasticiens en quête d'assistants. Je déteste ce mot, « plasticiens », aux relents de chirurgie. L'excitation de Jérôme m'irrite. Je regarde la rue au-dehors pendant qu'il parle.

En entrant dans le hall de mon immeuble, je bute contre une bouteille qu'un punk a laissée traîner. Ils sont plusieurs à squatter ici, c'est le seul bâtiment de la rue sans code d'accès. Ils se shootent et dorment dans les greniers. Mon voisin est un dealer, on frappe à toute heure à sa porte, parfois violemment. Il y a du sang sur le mur des toilettes communes, un étage plus bas. Je préfère uriner dans le lavabo de la cuisine, le seul dans l'appartement. Une nuit, une plainte lancinante dans la cour me réveille. Je n'ose pas aller voir. J'apprends le lendemain qu'un type défoncé, pensant être au rez-de-chaussée, est passé par le balcon du deuxième étage.

C'est le premier appartement que je loue depuis que je suis parti de chez mes parents, un deux pièces au prix modique. La tomette rouge au sol s'effrite et colle aux pieds, j'en retrouve dans les draps ; la première fois, j'ai cru m'être coupé. La lumière du jour est faible, contrariée par les murs latéraux, et le bruit de la rue me réveille tôt. Puis, je m'habitue et me lève à midi. Le son des moteurs ne me gêne plus, sauf lorsque j'enregistre des chansons douces.

Je traîne parfois en ville dans l'espoir de rencontrer quelqu'un. On dirait qu'il n'est resté que ceux auxquels je n'ai rien à dire. Il m'arrive de discuter au comptoir avec l'un d'eux. Un verre après l'autre, nous avons l'impression de nous découvrir. Quelques jours plus tard, nous échangeons un signe de tête, et c'est tout. Comme si nous avions décidé de ne pas nous reconnaître, malgré la fois d'avant, malgré l'alcool.

La mer est proche. Sur la plage, je lis, et j'écris, des textes que je rêve de voir publier. Ici, agir semble possible, la ville n'est pas là pour me freiner, me contraindre à son rythme, ou me distraire. Aucun bâtiment, aucun angle ne fait obstacle au déroulé des pensées.

Un seul ami est resté là. Lui n'a pas de projet, pas d'envie. Il en veut à ceux qui sont partis. Il leur prédit l'échec, et un retour honteux. Quand je le vois, je me vois. J'évite bientôt les endroits où je suis sûr de le trouver.

Je rends de temps à autre visite à mes parents, en banlieue. Chez eux, je mets la main sur un livre avec en couverture un paysage pluvieux de ville du Nord. Je me souviens de l'émoi que m'a causé enfant le dessin, précis, des briques rouges détrempées. C'est comme un écho des paysages que je côtoyais avant, autour de la ville où je suis né. Hors cadre, on devine la présence des champs, la pesanteur de la terre boueuse, et l'ennui, fidèle, rassurant. Cette pierre, ces briques, couleur de sang séché, je me suis promis de les approcher un jour, et de m'y perdre.

La rue est vide, je marche en zigzaguant, seul dans la ville aux volets clos. Il me revient d'autres nuits où nous marchions en bande, nos rires se répercutant contre les murs. Tous sont partis, et j'en viens à penser que c'est moi qu'ils ont fui. J'ai fini par me confondre avec les rues de cette ville ; j'en ai la constance et la prévisibilité. J'ouvre la porte de mon immeuble, grimpe péniblement jusque chez moi, et m'affale sur le matelas. Avant de m'endormir, je les insulte tous. Au réveil, un désir se fait jour, comme arraché au sommeil. C'est le moment.

Partie perdue

Elle m'aborde après le concert ; il n'y a pas de loges et je descends de l'estrade encore en sueur, serviette en main. Elle est ivre, elle a poussé des cris étranges pendant qu'on jouait. Un type l'accompagne et semble veiller à ce qu'elle n'aille pas trop loin, même s'il est à peu près dans le même état. Rien ne me sera épargné aujourd'hui. La journée a été compliquée, nous avons roulé sous un ciel exécrable, tourné avant de trouver la salle, un café-concert aux abords d'une ville sinistrée, perdu entre des friches d'usines, un vrai cliché ; et je me suis demandé qui viendrait nous voir dans un endroit pareil. L'accueil a été dénué de chaleur, le repas spartiate, et le soir venu, une quarantaine de personnes se sont disséminées dans la salle, la plupart assises au bar à bonne distance de la scène.

Mes compagnons n'ont pas l'air pressés de partir, ils ont entamé une partie de baby-foot avec des spectateurs. Le régisseur engage la conversation avec la fille, j'en profite pour m'éclipser. Je m'allonge dans la camionnette en espérant que les autres ne tarderont pas. Mais ils n'arrivent pas et il fait froid. Je retourne à la salle et apprends que la fille a rejoint le régisseur derrière un rideau sur un des rebords de scène. Elle titubait en redescendant dix minutes plus tard. Son compagnon l'attendait au bar.

C'est ma première vraie tournée. Je n'en avais pas le désir profond, je me suis laissé faire. La musique est pour moi un absolu, dont une tournée ne peut qu'altérer la pureté. Je redoute de confronter mes chansons à la routine, qu'elles deviennent prétextes à gagner ma vie, rencontrer des filles, comme ces musiciens que je connais et qui me semblent avoir oublié la musique en chemin. Ce soir, dans cette salle, je me dis que la partie est perdue, et que je suis devenu l'un d'eux.

Nous regagnons l'hôtel vers 2 heures du matin, les autres sont ivres et rient. Je monte dans ma chambre sans dire un mot et m'allonge sur le lit. Je n'ai plus sommeil. Mes yeux parcourent la pièce, s'attardent sur les détails de la tapisserie, une nature morte. J'aime me retrouver ainsi dans des chambres de passage, c'est nouveau pour moi. Je me dis pourtant que cette vie ne me convient pas : mon orgueil parle, mais d'une voix plus faible qu'avant.

Le lendemain matin, nous nous levons tôt. J'attends le dernier moment pour retrouver les autres. Dans la camionnette, personne ne parle. Puis l'un de nous raconte une histoire absurde qui allège l'atmosphère. Nous nous arrêtons à une station-service. Je traîne dans les rayons de la boutique, j'ai faim et achète un sandwich triangle, comme chaque jour. Je rejoins mes camarades près de la machine à café, ils sourient en voyant le sandwich dans ma main. Nous parlons du concert à venir, et de l'hôtel, que le régisseur connaît et dont les chambres sont, selon lui, « particulières ». J'ai fini mon triangle, il a un goût de trop peu. Je me demande à quoi cet hôtel peut bien ressembler.

Dormir ailleurs

Certaines chambres ne sentent rien. La fenêtre est entrouverte, le rideau bouge un peu. Tout est propre, le lit bordé. On s'est employé à effacer toute trace du passage de quelqu'un avant moi. Des éraflures sur le mur, des taches sur la moquette attestent pourtant que je ne suis pas le premier à dormir ici. Cette idée me plaît, comme me plaît l'idée que demain quelqu'un d'autre prendra ma place.

Je pose ma valise en équilibre sur une chaise, en extrais ma trousse de toilette. Je me lave les mains ; je me vois dans la glace et me dis que j'ai vieilli. C'est souvent ce qui me vient à l'esprit quand je me vois.

Un autre visage se superpose au mien.

J'aime dormir à l'hôtel, c'est ce qui me manquerait le plus si je devais changer de vie. Les désirs ont souvent des origines obscures, peu sont comme le mien liés à un souvenir précis. Mon père partait souvent pour son travail : un jour, il m'a promis qu'« une fois » il m'emmènerait avec lui et que nous dormirions « à l'hôtel ». La promesse n'a pas été tenue, mais le mot « hôtel » a dès lors été doté d'une charge magique, que le temps n'a pas altérée : il désignait le lieu où mon père habitait quand il n'était pas là, et que mon imagination d'enfant avait paré de lourdes tentures, de meubles luxueux : un lieu qui légitime qu'un homme s'absente de chez lui, et laisse sa femme et son fils seuls.

La première fois, intimidé, je n'osais toucher à rien. Bizarrement, je ne me souviens pas à quoi ressemblait la chambre.

Avant, j'affectionnais les hôtels familiaux, les une ou deux étoiles au mobilier vétuste, aux matelas fatigués et aux armoires qui grincent. Une sorte de caricature d'hôtel de vieux roman français. Puis, à force de cloisons bavardes, de serrures rétives et de douches tièdes, j'en suis venu à préférer les établissements en bordure de ville, dans les zones commerciales : les mauvaises surprises y sont rares, les procédures d'accueil et les règles standardisées, et le petit déjeuner immuable. Au sein d'une même chaîne, de menues différences permettent d'établir une liste préférentielle, qui tient à l'amabilité du réceptionniste ou à la saveur du jus d'orange. Pour le reste, que la chambre soit au milieu ou en bout de couloir, côté route ou parking, c'est la même. Seule diffère la disposition de la salle de bains, et la reproduction du tableau au mur, un Van Gogh ou un Monet.

Lorsque je passe plusieurs jours d'affilée dans les hôtels d'une même chaîne, j'ai l'impression que la chambre voyage avec moi. Les lieux se confondent, les journées aussi. J'aime le vertige que ça procure. Comme si j'étais téléporté, immobile.

Je mange parfois le soir au restaurant de l'hôtel. J'y croise des types seuls, itinérants comme moi. Aucun d'eux n'a envie d'entamer la conversation, la journée a été longue, et tous ont déjà tant parlé. Il y a peu de familles, surtout des couples. Je me demande ce que certains font là, dans cet hôtel de bord de route, plutôt qu'en ville. Peut-être l'envie d'être nulle part, dans un lieu qui ne les intimidera pas, où ils ne seront pas tentés de s'engager, ou de feindre de réveiller le passé.

Ma compagne me reproche mes absences répétées. Comme mon père, je les minimise. Lorsque ma mère s'en plaignait, il sortait le calendrier et lui montrait les jours où il serait là, pas les autres.

J'arrive parfois à l'hôtel en pleine nuit. Il n'y a souvent pas de réceptionniste, juste un code à l'entrée. Je marche dans les couloirs silencieux, clé magnétique en main. Dans les chaînes de bord de route, rien d'inquiétant. Aucun risque de voir apparaître deux jumelles baignant dans un flot de sang, comme dans un film qui m'a marqué enfant. Je garde le souvenir de nuits agitées dans des hôtels vétustes où le long corridor, le papier peint délavé ou l'armoire massive auguraient d'un danger. Au point de partir une fois avant l'aube. Certains lieux nous rejettent. Ils jouent avec nos nerfs jusqu'à ce qu'on les quitte.

Les fantômes réclament une âme : ici, il n'y en a pas. Aucune présence spectrale, pas de bruits étranges, de vibrations d'air délétères. Juste le son d'une télé trop fort, d'une douche tardive ou d'un couple qui fait l'amour.

J'ouvre la fenêtre. Je regarde au-dehors le parking plein, recense les marques de voitures. En face se dessinent les silhouettes de hangars. Au loin, les lumières rouges et vertes d'un péage, dont je prendrai la direction demain. Le soir, je serai chez moi. Étonné d'y être, et perdu, comme à chaque fois.

Un cours de chant

La professeur de chant habite au cinquième étage d'un immeuble d'après-guerre, dont les balcons communs m'évoquent celui d'un appartement où j'ai vécu. Il n'y a pas d'ascenseur, et je suis essoufflé lorsqu'elle m'ouvre sa porte. Son regard, perçant derrière d'épaisses lunettes, me jauge. On m'a prévenu qu'elle ne prenait pas de gants. Certains repartent de chez elle découragés, ou les larmes aux yeux.

« C'est bien, vous êtes à l'heure, je ne supporte pas les gens en retard », me dit-elle en m'arrachant la veste que je lui tends. Elle est petite, sèche, ses gestes sont vifs. Une odeur flotte dans son appartement, d'une douceur contrastant avec l'énergie revêche qui émane d'elle. Son corps diffuse comme des ondes de réprobation à l'égard de tout corps étranger en ces lieux, en l'occurrence aujourd'hui le mien, clairement convié à ne pas s'éterniser.

Elle vit là depuis son arrivée en France il y a quarante ans. Elle y est restée après la mort de sa mère. Elle donne ses cours dans le vaste salon, à l'ameublement baroque, saturé de portraits et d'objets anciens dont la disposition semble répondre à un ordre strict, immuable. La lumière du jour traverse la pièce de part en part, comme si le soleil était posté de chaque côté.

Je suis ici car je souffre lorsque je chante, et suis convaincu que mes cordes vocales sont fragilisées par mon manque de technique. Je me suis décidé à prendre des cours, même si l'idée rebute l'autodidacte en moi. Quelqu'un m'a parlé d'elle, et il m'a fallu faire jouer mes relations pour qu'elle accepte de me recevoir. Elle ne travaille plus qu'avec un nombre limité d'élèves, les rares qu'elle juge dignes de son enseignement, et des gens connus, qu'elle prend plaisir à rabaisser et qui lui sont attachés pour cela même : elle leur donne l'illusion de leur modestie inentamée.

Elle m'enjoint de ne pas bouger et s'assoit derrière l'imposant piano, trônant tel un maître de maison. Nous sommes loin l'un de l'autre, elle veut entendre si ma voix porte. Elle commence à jouer en me regardant fixement, et à chanter avec vigueur le début d'une vieille romance française que je ne connais pas, qu'elle me demande d'entonner à mon tour. Je m'exécute, d'abord timidement, puis avec assurance ; je ne doute pas que la vieille femme va s'adoucir en m'entendant. Au bout de quelques minutes, elle arrête de jouer puis me dit que je chante « mou », comme un de ses élèves dont elle prononce le nom avec dédain, une vedette dont j'ai pourtant lu dans la presse qu'elle le considérait comme un fils.

Elle s'approche de moi avec l'air furieux ; elle saisit ma main, la plaque sur son ventre en poussant de hauts cris, les yeux exorbités, et m'admoneste : « C'est de là que ça doit venir ! De là ! Pas de la gorge ! De là ! » Puis elle crie à nouveau, sur une note unique, brève, puissante. Elle pose sa main veineuse sur mon estomac et me demande de l'imiter. Je lui obéis, expulsant à mon tour la note par saccades, et bien que celle-ci soit censée provenir de plus bas, je sens que la gorge me fait mal à chaque son que j'émets.

Elle me fait reprendre la mélodie, en me demandant de détacher chaque note, avec la même force. J'entends ma voix résonner d'une façon que je n'aime pas, avec une clarté caricaturale ; chaque son produit paraît se moquer de lui-même. « Voilà, on y arrive… » m'encourage la vieille femme, et son regard s'adoucit, sans doute moins par satisfaction vis-à-vis de moi que d'elle-même.

Elle retourne au piano et en referme le couvercle : le cours est fini. Il n'a duré que vingt minutes, mais je me sens à la fois vidé et à cran. Elle revient vers moi et m'explique, d'un ton docte et apaisé, comme si toute la tension du cours retombait : « Vous savez, jeune homme, le chant révèle. La voix véhicule, séduit, ou trahit, mais ne révèle pas. Seul le chant a ce pouvoir. Et pour qu'il y parvienne, il faut le délester de ce qui l'encombre, des mensonges dont la voix est chargée. Le chant doit la mater. C'est à ce prix que la vérité de la personne apparaît. » Je ne comprends pas ce qu'elle cherche à me dire. Ma gorge est douloureuse comme jamais.

Je ne retourne pas chez elle. Un médecin trouve enfin la cause de mes douleurs, qui ne concernent en rien mes cordes vocales : je me tiens mal sur scène, ma tête penche d'un côté quand je chante, provoquant une sorte de tendinite à la base du cou. Peu après, j'apprends que la vieille femme est morte. Dans la presse, le chanteur auquel elle me comparait déclare avoir perdu sa seconde mère.

Nommer les choses

J'aurais aimé découvrir quelque chose que je sois le premier à nommer : une plante, un animal, un lieu. Mais comment être sûr d'être le premier, et que le nom donné n'existe pas déjà ?

Plus jeune, les dictionnaires m'impressionnaient. Je me souviens d'un, au dos décollé, posé sur une étagère chez ma tante. Je l'ai ouvert un jour, mesurant pour la première fois l'étendue de mon ignorance. Puis je me suis rendu compte que seuls les mots de « on » à « te » étaient recensés, que ce livre n'était qu'une partie d'un ensemble, dont les autres volumes étaient rangés ailleurs. J'étais dépassé : les mots étaient encore plus nombreux, et dispersés.

Parfois, pour jouer, je déplaçais les mots. Un jardin devenait une fenêtre, une voiture un évier. Mais le jeu me lassait, tant chaque chose semblait accolée à son nom, dès l'origine. Comme si le langage résistait, et qu'il était usant de le contredire.

Les sentiments, les sensations me semblaient relever d'une autre catégorie. Les mots pour les désigner existaient, mais celui qui les éprouvait pleinement les réactivait. L'amour naissant renommait l'amour, de même pour la nostalgie ou la peur. Seule la douleur résistait, comme si elle intimidait le langage.

Des sensations me traversaient que je ne parvenais pas à définir. Pour mieux les cerner, je leur attribuais des noms aléatoires inspirés de prénoms que j'aimais. Je différenciais ainsi mes peurs en fonction de leur intensité. Faute de prendre l'ascendant sur elles, j'espérais ainsi les inciter à me ménager, la nuit dans ma chambre mansardée.

Aujourd'hui, certaines questions sur mon métier m'embarrassent. Je peine à définir ce que je fais. On y voit de la prétention, une volonté de me singulariser. Je le sais, et pourrais esquiver avec une plaisanterie, mais je ne suis pas assez léger. Je ne veux pas brader la précision que les mots réclament, ni donner de mon métier une image que je n'aime pas, faite de clichés, et qu'on attend sans doute de moi.

Des années durant, je me suis replié sur la musique, comme à l'abri. Puis des enfants m'ont dit : nous ne dansons pas sur ta musique, nous dansons sur tes mots.

Je reste en arrêt devant une photo dans un musée. L'image, de grand format, figure un paysage de montagnes plongeant dans une baie, sous une lumière de matin du monde. Elle évoque un monde sans hommes. La légende sous la photo ne permet pas de localiser l'endroit. J'aurais aimé qu'un nom s'inscrive, pour avoir le sentiment de posséder quelque chose de ce lieu. Mais mieux vaut ne rien savoir et laisser la beauté de l'image parler. Je pense à ce qu'était le monde avant que le regard de l'homme ne s'y pose, en un temps où rien n'avait de nom, où aucun mot ne désignait une montagne, une baie, le ciel ; où tout était, en soi, pour personne.

Regarder l'eau

J'ai besoin de voir l'eau. La mer ou un fleuve de préférence, un lac à la rigueur. Ça m'est venu avec le temps. Ce besoin de sentir l'eau à proximité, sous mes yeux quand j'ouvre la fenêtre.

Je suis né dans la plaine, j'y ai passé de longues années. Quand j'en suis parti, j'aspirais aux reliefs et à la profusion des roches, des végétaux. Puis j'ai vécu au bord de l'océan et me suis rendu compte que j'aimais l'horizontalité, dès lors qu'elle était perturbée par le mouvement des vagues.

Paysage à la fois mouvant et stable, aux emportements comme régulés par la ligne d'horizon. Face à lui, je me sentais arrimé, éprouvant la consistance du sol, et mon propre attachement à celui-ci.

J'évitais de longer les plages à marée basse, qui atténuaient la séparation entre terre et mer, comme la résolution décevante d'une énigme. Ou quand de fortes pluies brouillaient la ligne d'horizon.

J'ai habité ensuite quelque temps dans une ville à l'intérieur du pays. Les voies d'eau qui la traversaient des décennies plus tôt avaient été détournées, en raison des odeurs pestilentielles des canaux en été. De vieilles photos montraient la ville inondée, avec des gens sur des pontons de fortune. À l'époque, j'étais irritable, comme en proie à un manque.

Aujourd'hui, je vis au bord d'un fleuve. Sur l'autre rive, une grue rouillée, des bâtiments à l'abandon, à demi cachés par des arbres. Cette vue m'obsède. Le fleuve isole la rive opposée, en souligne la fixité, l'inutilité des lieux, et passe, dissuadant d'entreprendre quoi que ce soit.

L'avoir sous les yeux m'arrache à moi-même. Les mouvements qui l'agitent sont étrangers aux miens. Je n'ai rien vécu de décisif face à l'eau, pas de rencontre ni de séparation. Comme si elle m'interdisait de tels débordements. Qu'elle aplanissait l'existence. La réduisant à ce seul besoin : la regarder.

La regarder et ne plus voir que la lumière la modeler en continu, stimulée par le courant.

Quand je pense à une mort idéale, je m'imagine sur un banc face à l'océan, ou derrière la vitre d'un bar en bord de mer. Seul.

Je viens te chercher

Je viens te chercher.

Tu es depuis trop longtemps enfermé dans cette chambre, recroquevillé sous les draps la nuit. Le moindre bruit te fait sursauter. On t'a pourtant prévenu du risque d'être seul à l'étage, auprès d'un grenier dont les poutres craquent. Tu n'as rien voulu savoir. Je ne peux pas croire que tu l'aies fait exprès, que tu aies voulu éprouver ton courage. Tu sais que tu n'en as pas. Mais tu étais déterminé, obsédé par la vue depuis les deux petites fenêtres au-dessus de ton lit. Tu as voulu apprivoiser l'horizon, dont la nudité t'intimide. Tu t'es vu en guetteur de fort, Drogo en herbe, la boue des champs en guise de sable. Tu t'es posté à la fenêtre. Personne n'est venu te relever.

Des années durant, je t'ai ignoré. J'avais lâché ta main. Penser à toi me gênait, comme à un vieil ami dont on fuit la compagnie pour ne pas se sentir enferré dans le passé. J'estimais ne rien te devoir : ce que je vivais n'était en rien lié à toi, à tes désirs et à tes frustrations, la charge ne m'en revenait pas. Je refusais le statut d'adulte, mais en endossais toutes les tares : le détachement, le cynisme, l'infidélité à celui que j'avais été, que tu es. L'enfance était un navire désamarré, perdu en mer.

Tu n'avais pas idée de ce que tu deviendrais, de ce que je serais, le temps était neuf pour toi, l'avenir lointain. À mesure que le mien s'amenuise, le passé tend avec insistance une main de plus en plus difficile à saisir. Il faut se pencher, toujours plus en avant. J'ai senti un jour que je tournais la tête, et que mon corps suivait, sans rechigner. Tu t'immisçais dans mes pensées, mes choix, et je ne m'y opposais pas. Je sentais le sol s'affermir.

Ce revirement n'a pas été sans culpabilité. Comment avais-je pu te négliger, te nier à ce point ? Que m'avais-tu donc fait ? Dès que j'ai pu t'échapper, je n'ai pas hésité. Il a suffi que je change de lieu, que je m'éloigne de ta chambre, que je fuie ton regard asservi à un paysage qui ne le méritait pas, et tes nuits la tête sous les draps. Une chose flottait dans cette maison, que tu n'as jamais pu définir, mais qui s'engouffrait dans l'escalier et menaçait d'apparaître dans l'encadrement de ta porte. Même en pleine journée, tu en guettais l'apparition. L'horizon, si terne fût-il, était-il une porte de sortie ? Espérais-tu que par temps clair une terre accueillante s'y profilerait, un lieu au pied duquel tes frayeurs s'évanouiraient ?

Je t'ai confondu avec elles, tu les incarnais. Te fuir, c'était s'y soustraire. Renouer avec toi, c'était en prendre enfin ma part, plonger en elles. À cette condition seule, je pourrais te retrouver.

Je ne savais comment m'y prendre. Je t'ai écrit. Le message te parviendrait peut-être par quelque faille temporelle... Mais, autant que je m'en souvienne, tu n'en as pas eu connaissance. Tu ne m'as laissé aucun signe prouvant que tu l'avais reçu. Tu ne m'attendais pas. J'ai compris que le futur était tenu en respect au seuil de ta chambre. Tu étais consigné. Pour te sortir de là, il me fallait venir te chercher.

Je dus m'accrocher, et éviter de regarder en bas. L'ascension fut lente. Jours pâles, nuits profondes. J'avançais ainsi.

Maintenant, je suis tout proche, au bas de l'escalier. Je vais gravir les marches qui mènent à ta chambre. Si elles craquent, ce n'est que moi, n'aie pas peur. Une fois dans le couloir, en haut, je pousserai ta porte.

Ce n'est que moi. Je viens te chercher.

DANS LA MÊME COLLECTION

Carole ALLAMAND
La Plume de l'ours

Dominique ANÉ
Y revenir

Sébastien BERLENDIS
Une dernière fois la nuit
L'Autre Pays

Julien DUFRESNE-LAMY
Dans ma tête, je m'appelle Alice

Yves HUGHES
En chantier
Méandre

Denis MICHELIS
La Chance que tu as

Anne SAVELLI
Franck

Karin SERRES
Monde sans oiseaux

Mona Thomas
La Bibliothèque du docteur Lise
Tanger 54
Léman

Lionel Tran
No présent

Fabio Viscogliosi
Je suis pour tout ce qui aide à traverser la nuit
Mont Blanc
Apologie du slow

Cet ouvrage a été composé
par PCA à Rezé (Loire-Atlantique)
et achevé d'imprimer en mars 2015
par l'Imprimerie Floch
à Mayenne
pour le compte des Éditions Stock
31, rue de Fleurus, 75006 Paris

Imprimé en France

Dépôt légal : avril 2015
N° d'édition : 01 – N° d'impression : 88205
54-02-0006/7